Faïences

de

Rouen

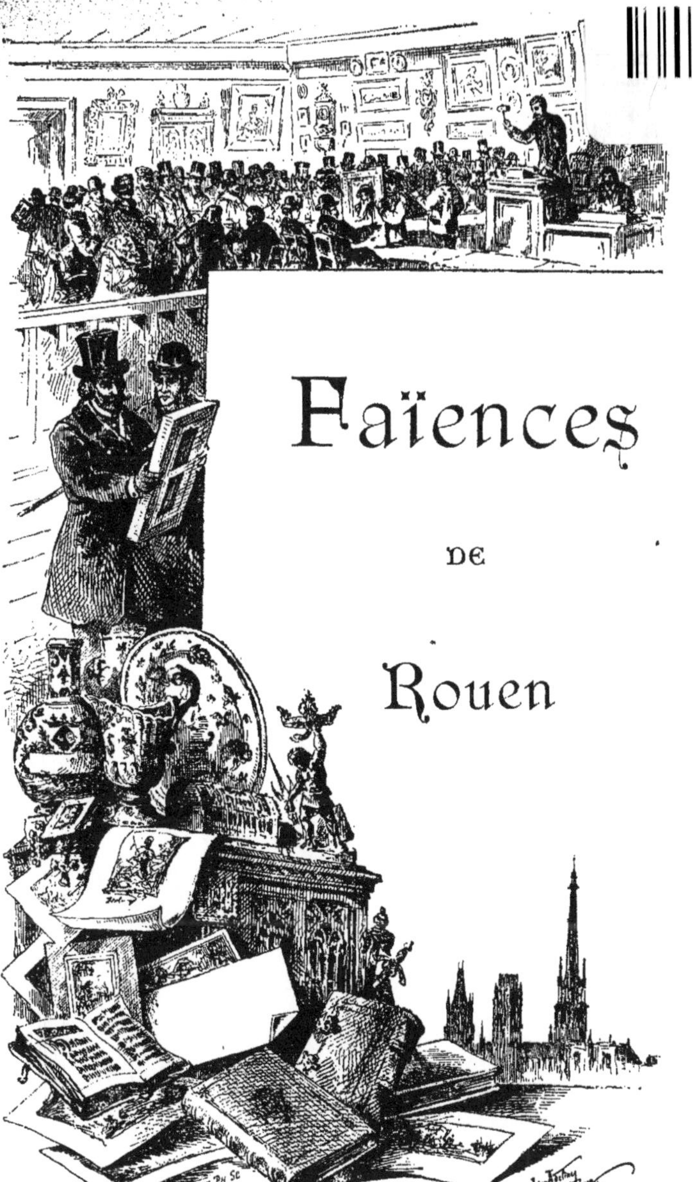

COMMISSAIRES-PRISEURS DE ROUEN

Vente aux Enchères publiques, après Décès

A ROUEN, RUE DES CARMES, 85

EN L'HOTEL DES VENTES

Les Lundi 17 et Mardi 18 Mars courant

ET S'IL Y A LIEU LE MERCREDI

A 1 heure précise de l'après-midi et à 7 heures 1/2 du soir

D'UNE IMPORTANTE

COLLECTION DE FAIENCES ANCIENNES

AYANT COMPOSÉ

LE CABINET D'UN AMATEUR ROUENNAIS

ENVIRON 600 PIÈCES

COMPRENANT NOTAMMENT :

Un ensemble complet des divers types de la **Faïence de Rouen** depuis l'origine de la fabrication des POTERAT jusqu'à la fermeture de l'usine de DE LA METTAIRIE.

Fontaines, Boites à thé, à tabac et à épices.
Pichets, Cruches, Gourdes,
Vases divers d'ornementation pour appartement et pour jardin.
Plats, Assiettes, etc.

Faïences de Saint-Amand, Delft, Lille, les Islettes, Moustiers, Lunéville, Nevers, Niederviller, Trieste, Onnaing, Sinceny, Strasbourg, Toul.

TERRES DE PIPE & PORCELAINES DIVERSES
TABLEAUX, GRAVURES

Dont l'**exposition publique** aura lieu le **Dimanche 16 Mars**, de **2** à **4** heures de l'après-midi.

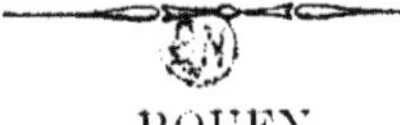

ROUEN
IMPRIMERIE NOUVELLE PAUL LEPRÊTRE
75, RUE DE LA VICOMTÉ, 75

CONDITIONS DE LA VENTE

Elle sera faite expressément au comptant; les acquéreurs paieront 10 0/0 en sus du montant de leur enchère, applicables aux frais.

Les tares et défauts seront annoncés à chaque mise en vente.

Toute réclamation visant l'authenticité ou l'état des objets vendus, devra être faite dans les 48 heures de la vente, passé lequel délai elle ne serait plus admise.

En cas de contestation sur une enchère, l'objet sera immédiatement remis en vente.

Aucun objet ne sera retiré avant la vente ni cédé à l'amiable.

L'ordre du Catalogue sera scrupuleusement suivi.

Les objets vendus le 17 seront livrés sur présentation d'un bulletin à souche le 18, à partir de huit heures et demie du matin, et ceux vendus le 18, le lendemain, à même heure.

ORDRE DES VACATIONS

LUNDI	à **1** heure, du nº 1 au nº 54.
	à **7** h. **1/2**, du nº 54 au nº 120.
MARDI	à **1** heure, du nº 120 au nº 180.
	à **7** h. **1/2**, du nº 180 au nº 230.

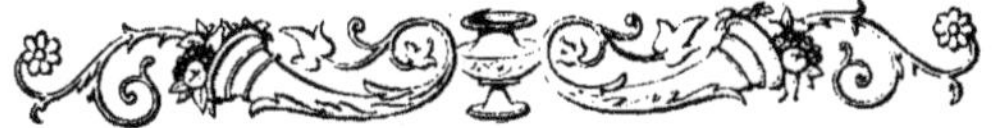

CATALOGUE

FAIENCES

SAINT-AMAND.

1. Ecuelle d'accouchée, pièce ronde à oreillettes avec bouquet de fruits formant bouton sur le couvercle, décor rose et vert de fleurettes.

2. Un plat long, un autre rond et onze assiettes, même décor.

3. Quatre plats longs Louis XVI, à bords découpés, et six assiettes pareilles, décor au chinois rose et vert dans les fonds, fleurs sur le marli.

   Deux plats fêlés. — A diviser.

4. Trois assiettes, décor manganèse de pagodes sur les fonds et fleurettes sur le marli.

   A diviser

DELFT.

5. Très jolie bouteille, décor compartimenté à réserves, rouge, bleu et vert; pagodes et bouquets de fleurs dans les réserves.

   Attribuée à Adrien Pynaker.
   Legère écornure au col.

6 Très belle plaque à bords découpés en forme de lambrequin, décor polychrôme à réserves et compartiments, pastorale et fontaine en camaïeu bleu dans les compartiments.

7. Très belle plaque à bords chantournés, d'époque Louis XV, décor camaïeu bleu de personnages (la Scène), signée et datée : Het Avond, 1775, dans un cartouche rocaille.

8. Très belle plaque à bords chantournés, époque Louis XVI, décor camaïeu bleu à personnages (Jésus chassant les vendeurs du Temple), datée 1787.

9. Plaque polychrôme représentant une cage.

10. Trois belles potiches, émail vitreu, décor chinois en bleu pur, dont deux en mauvais état.

A diviser.

11. Deux potiches à huit pans, décor bleu à réserves et pagodes chinoises sur la panse.

12. Très belle assiette, décor grand bleu représentant un intérieur de parc, avec des personnages en costume Louis XIV.

13. Belle assiette, bleu grand feu, décor de fleurettes genre chinois et enroulements formant encadrement des fonds, pendentifs et quadrillés au marli.

13 *bis*. Belle assiette, bleu grand feu, décorée d'un coq entouré de fleurettes dans le fond et de motifs de ferronnerie au marli.

14. Belle assiette, bleu grand feu, décor rayonnant. — Marque de Justus Brower.

15. Huit assiettes, bleu grand feu, décorées d'un

lambrequin surmonté d'un vase de fleurs dans les fonds, compartiments enfermant des fleurettes et quadrillés au marli.

A diviser.

16. Cinq assiettes, décor chinois au grand feu, de pagodes encadrées dans les fonds; même genre de marli que les précédentes.

A diviser.

17. Deux assiettes, décor bleu au moufflc de fleurettes formant fleuron.

A diviser.

18. Belle assiette, décor bleu au grand feu, de style rayonnant. — Marque de Lambertin Sandérus.

19. Assiette, bleu au grand feu, décorée au centre d'un fleuron accolé de quatre compartiments renfermant des fleurettes et réunis par un quadrillé, natté sertissant le tout au marli.

20. Deux belles assiettes Louis XV, décor polychrôme, au grand feu, vert, bleu et jaune ocré; motif chinois au centre; pendentifs rayonnants au marli. — Marque de Lampetkan.

A diviser.

21. Deux curieuses assiettes, décor au grand feu, vert manganèse et rouge de fer, paysage japonais dans les fonds, fleurs et fantaisies diverses sur le marli.

A diviser.

22. Belle assiette au grand feu, décor bleu, vert et rouge de fer, rehaussé d'ocre; paysage chinois avec animaux fantastiques dans les fonds, marli compartimenté.

23. Très belle jardinière à pans coupés et à anses,

côtelée, décorée en camaïeu bleu au grand feu, de fleurettes dans la manière de Rouen. — Marque de Mathias Rosa.

Fêlure.

24. Sept assiettes et un plat, décors polychrômes divers.

A diviser.

25. Beau plat à bords gaudronnés et à fond bombé, décor bleu au chinois, dans la manière de Nevers.

26. Trois plats divers.

A diviser.

27. Un cornet à six pans, décor bleu au grand feu de lambrequins et de fleurons; chasse dans un paysage chinois. — Marque de Kleynoven

28. Deux petites potiches octogones, décor bleu.

ISLETTES.

29. Onze assiettes à bords chantournés Louis XVI, décor polychrôme de fleurettes au marli et dans les fonds.

A diviser.

LILLE.

30. Grand et magnifique sujet d'époque Louis XV, représentant Neptune dans une grotte marine, décorée de dauphins et de têtes de chevaux.

Légère restauration.

31. Deux belles urnes, décor polychrôme d'époque Louis XVI.

Anses refaites.

32. Pot trompeur, décor camaïeu bleu, portant l'inscription : Pot physique à la Beaulieu.

LUNÉVILLE.

33. Jardinière en forme de panier ajourré, avec anses ; décor polychrôme de fleurs dans les fonds.

34. Deux petits porte-bouquets Louis XVI carrés, à anses : décor polychrôme de fleurettes et rehauts.

35. Petit moutardier même époque et même décor.
Endommagé.

MOUSTIER.

36. Petite sucrière piriforme, décor bleu, genre Berain.

37. Deux plats longs à huit pans, très fin décor bleu de motifs chinois.
A diviser.

38. Quatre assiettes Louis XV, décor ocré d'animaux dans les fonds, et de pendentifs et fleurettes au marli.

NEVERS.

39. Jolie bouquetière en forme de commode Louis XV, décor jaune ocré, bleu, noir et vert.

40. Bel écritoire d'époque Louis XVI, avec porte-lumière, décor polychrôme de guirlandes de fleurs, fleurettes et quadrillés.

41. Beau vase en forme de bouteille, décor polychrome bleu cobalt et noir manganèse chinois.

Ecornure.

42. Plat oblong, décor bleu et noir dans le style de la pièce précédente.

43. Petite jardinière en forme d'urne, décor bleu rehaussé de noir et d'ocre, dans la manière de Rouen.

44. Une fontaine, un drageoir et trente assiettes de décors variés.

A diviser.

45. Vingt-deux assiettes patriotiques : la Bastille, la Royauté, l'Equité, la Loi, Je veille pour la Nation, le Tiers-Nuit, la Nation, le Roi, Je jure de maintenir la Constitution, etc., etc.

A diviser.

46. Trois petites potiches variées.

A diviser.

NIEDERVILLER.

47. Très belle soupière et son plateau de forme Louis XV, décor polychrôme genre Hanong.

48. Une statuette : le Tailleur de pierres, de Cyfflet.

Endommagé.

49. Deux plats décor rose, dont un à fleurettes et l'autre à paysage.

A diviser.

50. Deux compotiers et douze assiettes, décor polychrôme de bouquets de fleurs dans les fonds et de fleurettes au marli.

A diviser.

ONNAING.

51. Un saladier et une assiette à décor polychrôme.

52. Un grand plat de même décor et une cuvette représentant l'aventure de la chaste Suzanne.

Félures. — A diviser.

Claude-Reverend (Paris)

53. Très jolie fontaine de forme piriforme avec bassin carré, ornée de découpures et de volutes, riche décor bleu cobalt de marguerites sur la fontaine; médaillon à personnages, tête d'ange, marguerites et rehauts divers sur le bassin.

Legère félure.

ROUEN.

54. Petit compotier à bords plissés, monté sur trois pieds, décor bleu cobalt primitif d'Edme Poterat.

55. Compotier, décor bleu cobalt à réserve.

56. Très rare et très belle boîte à thé, décor bleu cobalt à réserves sur les champs, motifs japonais sur les deux faces avec filet et coins à réserves faisant encadrement.

57. Bouteille, à decor de pendentifs bleu cobalt.

58. Bouteille, décor de pendentifs à réserve bleu colbalt.

Ebréchée.

59. Jolie cruche, faïence côtelée, décor camaïeu bleu de lambrequins à réserves.

Fêlure.

60. Jardinière à accrocher, ornée d'un natté, décor camaïeu bleu.

61. Jolie jardinière, décor camaïeu bleu de lambrequins à réserves.

62. Rare et belle jardinière de forme oblongue avec mascarons formant anses, décor camaïeu bleu Louis XIV de pendentifs et guirlandes à réserves.

Ecornures.

63. Saladier camaïeu bleu avec pendentifs à réserves au marli, au fond dans un paysage, sainte Marguerite. — Inscription : Marguerite Gougon, 1738.

Fêlure.

64. Grand plat camaïeu cobalt, décor de guirlandes au trait sur le marli ; au centre un blason avec couronne de marquis entouré d'arabesques et de chimères.

Fêlure.

65. Grand et magnifique plateau, décor cobalt de pendentifs à réserves, au centre armoirie composée d'un chevron or avec trois merlettes, deux en tête et une sur fond d'azur.

Fendu.

66. Petit pichet, décor cobalt de fleurettes.

67. Très beau pot à surprise, décor compartimenté à réserves et pendentifs dans les compartiments, camaïeu bleu, portant l'inscription : Julien des Marais, 1722.

68. Très joli vase en forme d'urne avec son couvercle, décor camaïeu bleu de pendentifs à réserves.

69. Grande urne, décor camaïeu bleu de pendentifs à réserves.

70. Petite bouteille en forme de gourde, décor camaïeu bleu, dans le genre chinois, d'oiseaux et de fleurettes.

71. Très jolie bouteille à pans, décor bleu cobalt au grand feu de lambrequins et pendentifs à réserves.

72. Haut de fontaine, décor bleu cobalt de lambrequins à réserves et de pendentifs.

73. Beau pied d'huilier, décor camaïeu bleu à réserves.

74. Grande et magnifique cruche, décor bleu cobalt au grand feu de lambrequins à réserves; hauteur 0m42.

75. Très belle buire en forme de casque et à gaudrons, avec mascaron sous le bec, riche décor de lambrequins et pendentifs à réserve, bleu cobalt au grand feu.

76. Trois buires en forme de casque, décor bleu cobalt à réserves.

Restaurées.

77. Grande bouteille, décor camaïeu bleu à pendentifs et lambrequins à réserves; haut. 0m42.

Attache.

78. Petite bouteille a pans, décor camaïeu bleu à réserves.

79. Haut de fontaine en forme d'urne, décor bleu à réserves.

Fêlure.

80. Très jolie petite théière, faïence côtelée, décor bleu de lambrequins à réserves.

81. Deux assiettes, décor camaïeu bleu à réserves au marli ; au centre les armes de Mlle de Durefort de Lorge, abbesse de Saint-Amand.

A diviser.

82. Plateau à thé, décor bleu de pendentifs au marli, fleuron à réserves au centre.

Fêlure.

83. Pichet à décor bleu, Saint-Cler, portant l'inscription : Jacques Thourant, 1706.

84. Pichet, décor bleu à personnage au nom de Jacques Souzain, 1706.

85. Grande gourde portant l'inscription : Vive le roy Jacques.

86. Petite bouteille, décor bleu cobalt de motifs chinois.

87. Grand légumier de forme oblongue, décor bleu à réserves.

Ecornure.

88. Petit légumier de forme oblongue, décor bleu à réserves.

89. Bannette de forme carrée à anses, décor camaïeu bleu de lambrequins à réserves et fleurettes.

Anse refaite.

90. Grand plat camaïeu bleu à réserves.

Fêlure.

91. Grand plat camaïeu bleu, riche décor de lambrequins à réserves et pendantifs au marli ; au centre une corbeille surmontant un motif d'ornementation.

Attache.

92. Surtout octogone, décor camaïeu bleu à réserves.

93. Deux plats de forme longue à huit pans, décor camaïeu bleu à réserves.

A diviser.

94. Un coquetier, décor bleu de fleurettes.

95. Deux plats longs à bords chantournés, décor camaïeu bleu.

L'un de ces plats est fêlé. — A diviser.

96. Un plat long de forme octogone, à anses, décor camaïeu bleu.

97. Deux plats ronds à bords chantournés, décor camaïeu bleu.

A diviser.

98. Plat octogone, décor camaïeu bleu.

99. Deux grands plats ronds, décor camaïeu bleu.

A diviser.

100. Quatre assiettes, décor camaïeu bleu.

A diviser.

101. Joli petit plat, décor camaïeu bleu de lambrequins au marli, motif de ferronnerie au centre.

Fêlé.

102. Plat en faïence côtelée, décor cobalt de lambrequins à réserves au marli ; au centre un médaillon avec fleurettes.

Attaches.

103. Très beau plat camaïeu bleu, décor de lambrequins et pendentifs à réserves au marli ; au centre un motif de ferronnerie.

Très légère fêlure.

104. Deux beaux plats de forme ovale, décor camaïeu bleu.

A diviser. — Légère fêlure.

105. Très beau plat camaïeu bleu, décor de lambrequins et pendentifs à réserves au marli, riche motif d'ornementation au centre.

Fêlure.

106. Très beau plat, décor bleu cobalt rechauffé de rouge de fer, lambrequins et pendentifs à réserves au marli, au centre un motif chinois.

Restauré.

107. Trois plats de forme longue à pans, avec anses, décor bleu rechauffé de rouge.

A diviser. — Fêlures.

108. Six très belles assiettes, décor bleu cobalt de pendentifs à réserves, rechauffé de rouge de fer et de jaune d'ocre au marli ; au centre une couronne de marquis supportée par deux amours surmonte les lettres I L L M entrelacées.

Ces pièces, remarquables par la beauté des émaux, en même temps que par le soin apporté au dessin des motifs d'ornementation, sont une des merveilles de fabrication rouennaise.

Deux sont fêlées.

109. Très beau pichet, décor cobalt de deux tons à réserves rechauffées de rouge de fer et à compartiments renfermant des motifs de fleurs ; couvercle rayonnant.

110. Deux cache-pots, décor bleu et rouge de lambrequins à réserve et guirlandes de fleurs.

A diviser. — Endommagés.

111. Très belle assiette à décor rayonnant bleu et rouge Louis XIV, composée de pendentifs cobalt rechauffés par des quadrillés rouge de fer; au centre un grotesque chinois.

112. Magnifique assiette de même décor que la précédente, mais remarquable par l'excessive intensité de ses émaux.

Fêlure.

113. Belle bouteille à pans, décor bleu cobalt de lambrequins et pendentifs à réserves rechauffées de rouge.

114. Deux cornets à pans, de même décor.

Fêlure.

115. Sucrière, bleu rechauffé de rouge, décor à réserves et à compartiments avec fleurettes.

Bouton recollé.

116. Belle cruche, décor polychrôme de vert de cuivre, bleu cobalt avec réserves rechauffées de rouge et jaune d'ocre; dans un médaillon, sur la panse, un pèlerin, et au-dessous, le nom de Jacques Demares, 1736.

Attaches au col.

117. Belle assiette, décor polychrôme, riche ornementation de pendentifs au marli; au centre une corbeille de fleurs sur un lambrequin.

Fêlure.

118. Très beau surtout de table de forme octogonale, à riche décor rayonnant de lambrequins et pendentifs bleu cobalt rechauffé de rouge au marli; corbeille et motif d'ornementation au centre.

119. Beau plat à barbe, décor de lambrequins et

pendentifs à réserves rechauffés de rouge au marli ; au centre une corbeille de fleurs.

120. Belle cruche à décor bleu cobalt à réserves rechauffées de rouge et de jaune : sur la panse un motif chinois, et au-dessous le nom de Pierre Henri, 1775.

Cassure au couvercle.

121. Six assiettes à décor polychrôme Louis XIV.

A diviser.

122. Six compotiers de forme octogone, décor bleu et polychrôme.

A diviser.

123. Plat rond à riche marli, décor bleu cobalt à réserves et à compartiments ; corbeille de fleurs au centre.

124. Bel écritoire de forme ronde et d'époque Louis XIV, décor polychrôme à réserves.

125. Deux petits cache-pots de forme ronde avec mascarons formant anse, décor camaïeu bleu de paysages dans des compartiments.

126. Sucrière, décor polychrôme à réserves et à compartiments avec guirlande de fleurs.

Bouton recollé.

127. Très beau vase à pharmacie, riches émaux polychrômes à fond de bleu cobalt rechauffé de rouge et d'ocre ; sur la panse un cartouche bleu avec deux serpents pour tenants.

128. Deux jolies levrettes en blanc sur socle vert.

Oreille refaite.

129. Un lion, époque Louis XIV, décor polychrôme,

ocré sur la crinière et moucheté de bleu sur le corps.

Réparation au socle.

130. Deux lions, même décor.

L'un de ces lions est restauré. — A diviser.

131. Deux levrettes, décor manganèse.

Oreille refaite.

132. Très belle fontaine, décor polychrôme compartimenté avec bouquets de fleurs dans les compartiments, lambrequins sur la vasque.

Endommagée.

133. Belle fontaine, décor polychrôme compartimenté, guirlandes de fleurs et pendentifs dans les compartiments, lambrequins à réserve sur la vasque.

Endommagée.

134. Belle paire de lions, à décor polychrôme.

135. Beau plat de forme ovale à bords chantournés, décoration polychrôme de fleurettes et rocailles Louis XV; au centre un motif camaïeu bleu représentant la fable de: la Rémouleuse et le Semeur.

Fêlure.

136. Très jolie statuette en blanc d'un beau modelé d'époque Louis XV: femme jouant de la cithare.

137. Plat de forme ovale à bords chantournés, décor polychrôme de rocailles.

Fêlure et attaches.

138. Très joli écritoire rocaille à reliefs, en forme d'étagère, riche décor polychrôme sur toutes ses faces.

Ecornure.

139. Joli cartel à accrocher, rocaille à reliefs; décor polychrôme avec paysage en camaïeu bleu sur la face.

Fleuron refait.

140. Très belle assiette à décor rocaille formant un encadrement au marli et au centre un piédouche supportant un perroquet mangeant une grenade; très riches émaux polychrômes où l'ocre domine.

141. Très rare assiette à décor polychrôme, représentant une chinoise chevauchant un aigle.

Recollée.

142. Huit très rares assiettes à décor polychrôme de fleurettes et oiseaux au marli; en travers, un paysage chinois animé de jeux d'enfant.

A diviser.

143. Deux très jolies jardinières en forme de commode Louis XV, décor d'ocre et de vert rechauffé de bleu et de rouge de fer dans la manière de Nevers.

Ce lot pourra être divisé. — Ecornure à l'une des pièces.

144. Très jolie assiette à décor polychrôme, rocaille Louis XV accolée d'une corne d'abondance et formant support pour un oiseau fantastique qui saisit un papillon.

145. Très jolie écuelle de forme ronde et à anses, décor polychrôme ombré de manganèse.

Recollée.

146. Belle assiette au perroquet, décor polychrôme.

147. Deux belles assiettes, décor polychrôme composé d'une rocaille Louis XV supportant un vase Médicis rempli de fleurs et accolé d'une corne d'abondance, d'un semis d'oiseaux et de fleurettes

au marli; dans la rocaille une pagode en camaïeu bleu rechauffé de jaune.

Une de ces pièces est fêlée.

148. Très joli petit compotier à bords chantournés, même décor que les pièces précédentes.

Fêlé.

149. Très jolie assiette, décor richement polychrôme, à réserves et à compartiments au marli; dans le fond un paysage chinois.

150. Beau bénitier richement mouluré, motif composé de deux anges servant de tenants à un cartouche sur la plaque; décor polychrôme où le vert domine.

151. Très belle soupière à décor polychrôme vert, rouge et bleu à rehauts d'ocre jaune, paysage et sujet chinois.

Bouton en partie refait.

152. Très jolie bannette à anses et à bords chantournés, décor polychrôme de semis de bouquets et fleurettes.

Recollée.

153. Très beau plat à décor polychrôme de vert de manganèse et d'ocre jaune rechauffé de rouge, sujet chinois : pagodes, arbustes et personnages.

154. Belle assiette de même décor et composition.

Fêlure.

155. Beau plat long à anses torses, mêmes décor et composition.

Anses refaites.

156. Très jolie théière de mêmes décor et composition.

157. Grand et beau plat de mêmes décor et composition. (Riches émaux.)

Félure.

158. Très joli compotier à bords chantournés, décor polychrôme de fleurettes et enroulements au marli ; au centre un médaillon rocaille renfermant un amour jouant avec des oiseaux.

159. Deux belles assiettes à décor polychrôme de motifs chinois, fleurettes au marli ; rocher, fleurs, oiseaux et dragon au centre.

160. Belle assiette à décor polychrôme de motifs chinois, le marli est couvert par une végétation florale ; sur le front une mer en bleu cobalt où baignent deux cygnes ; un papillon dans le ciel.

Ecornure.

161. Très belle assiette à décor polychrôme, composé d'une conque marine d'où s'échappent des fleurs et des fruits et supportant un paon qui becquète un papillon.

Recollée.

162. Assiette à bords chantournés, décor polychrômé à rehauts d'ocre ; au centre un cartouche rocaille renfermant les initiales L I B, et surmonté d'un tortil de baron.

163. Belle écuelle d'accouchée à bords festonnés et à oreilles rocaille, bouton de fruits sur le couvercle, décor polychrôme ; dans le fond : Marie Duval, 1774.

164. Ecuelle d'accouchée, de même décor.

Félure.

165. Autre à décor chinois.

Oreille refaite.

166. Très beau légumier à pans coupés et à bords chantournés, décor de rocaille Louis XV où commence à se montrer la corne d'abondance ; émaux polychrômes vert de cuivre, bleu cobalt et rouge de fer rechauffés d'ocre jaune.

Fêlure et attaches.

167. Deux jolis pieds de sucrières à décor polychrôme, motifs chinois.

168. Petite boîte à épices compartimentée, à décor polychrôme.

169. Compotier à bords festonnés, motifs polychrômes de décoration chinoise.

170. Cuvette de pot à eau, décor chinois polychrôme.

Fêlure.

171. Trois belles assiettes, décor polychrôme de vert, de rouge et de bleu rechauffé d'ocre; quadrillés avec réserves et compartiments renfermant des fleurettes au marli ; au fond un motif dans le genre chinois de rocher, arbuste à fleurs, oiseau et papillon.

A diviser.

172. Un compotier et deux assiettes, décor polychrôme de fleurs dans le genre chinois au marli et sur les fonds.

Une assiette fêlée. — A diviser.

173. Assiette à décor polychrôme, dit à la tulipe.

Attache.

174. Plat à décor polychrôme, pendentifs au marli ; au centre rocailles et carquois.

Attache.

175. Pied d'huilier à décor polychrôme de fleurettes.

176. Deux plats ronds et un plat long à bords festonnés, une bannette à pans coupés et à anses : le tout à décor polychrôme de quadrillés avec réserves et compartiments renfermant des fleurettes au marli ; au centre paysages chinois avec pagodes.— Signature de Guillibaux.

A diviser. — Fêlures.

177. Quatre plats ronds, huit assiettes et une cuvette, décor polychrôme genre Sinceny, avec bouquet de fleurs dans les fonds.

Trois pièces fêlées. — A diviser.

178. Deux plats ronds à bords festonnés, décor polychrôme de pendentifs à réserve au marli ; au centre : I L D dans un entourage et sous une couronne de fleurs.

Fêlure à l'un des plats. — A diviser.

179. Plat long à huit pans et à anses, décor polychrôme de quadrillés et compartiments au marli ; corbeille de fleurs au centre.

180. Légumier à bords chantournés, décor polychrôme de pendentifs et de fleurettes.

181. Très belle bannette à huit pans et à anses torses ; décor polychrôme de lambrequins à réserves, pendentifs et guirlandes au marli ; corbeille de fleurs au centre.

Légère fêlure.

182. Très beau saladier à nuit pans, de même décor.

183. Très belle assiette à bords festonnés, de même décor.

184. Très joli saucier, décor polychrôme de fleurettes.

185. Beau bourdalou, décor polychrôme de motifs de goût chinois.

186. Très belle assiette à bords découpés et festonnés, décor polychrôme à la corne tronquée et motif chinois.

187. Beau plat de même décor.

Attaches.

188. Deux compotiers et trois assiettes faïence au carquois.

Deux pièces recollées. — A diviser.

189. Petit plat, décor au carquois avec ornementation rocaille.

Attaches.

190. Soupière, décor à la corne.

Endommagé.

191. Trois plats ronds, décor polychrôme à la double corne.

Deux plats fêles. — A diviser.

192. Dix assiettes, riche décor polychrôme à la corne.

A diviser.

193. Une bannette oblongue à anses, décor à la corne.

Fêlure.

194. Cuvette de pot à eau, décor polychrôme à la corne.

195. Quatre compotiers, décor polychrôme à la corne.

A diviser.

196. Un compotier et trois assiettes, décor à la corne.

197. Saucière, décor à la corne.

Anse refaite.

198. Une assiette, décor polychrôme d'arbustes, fleurs et oiseaux.

199. Pot à tabac, décor polychrôme à la corne.

200. Trois grands plats, décor camaïeu bleu à pendentifs et guirlandes au marli ; corbeilles de fleurs au centre.

Fêlure. — A diviser.

201. Quatre assiettes, même décor.

A diviser.

202. Beau pied de christ, décor polychrôme, avec le soleil, la lune et les attributs de la Passion. — Jean-Baptiste Henry, 1775.

Le christ et le pied sont avariés.

203. Deux potiches se faisant pendant, décor polychrôme de pendentifs et fleurettes.

204. Beurrier, pot à tabac et burette, décor polychrôme de fleurettes.

A diviser.

205. Très belle fontaine en deux pièces et à vasque monumentale, formant encoignure ; décor polychrôme de lambrequins à réserves, gaudrons et pendentifs.

Légère restauration derrière la vasque.

206. Un porte-huillier avec ses burettes, décor camaïeu bleu.

207. Beau pichet décor polychrôme de rocailles et fleurettes ; sur la panse, Saint-Bruno. — Bruno Monton, 1804.

208. Baguier en forme de navire, supporté par des statuettes d'enfant servant de cariatides.

Incomplet.

209. Veilleuse en forme de maison, décor polychrôme.

Ecornure.

210. Un petit pichet, vieille femme, décor polychrôme.

211. Pichet, polichinelle sur un tonneau.

212. Deux petits bustes polychrômes.

213. Deux petits supports polychrômes.

214. Un bénitier, décor rouge et bleu.

215. Une garniture de foyer et une brosse garnies de plaques au carquois.

216. Trois plaques terre cuite vernissée

217. Un groupe en terre cuite (Bélisaire).
Incomplet.

218. Huit vases de jardin, décor camaïeu bleu.
Incomplets. — A diviser.

RUBELLES.

219. Deux supports à fruits et six assiettes.
A diviser.

SINCENY.

220. Une cruche, un plat et vingt assiettes polychrômes.
A diviser.

STRASBOURG.

221. Dix assiettes polychrômes, décor au chinois.
A diviser.

TRIESTE.

221 *bis*. Un compotier gaudronné à fond renflé, décor ocre, vert et bleu, oiseau et feuillages dans les fonds, fleurs et feuillages au marli ; un grand plat pareil.

A diviser.

TOUL.

222. Quatre assiettes polychrômes.

A diviser.

CHANTILLY.

223. Quatre petites assiettes rocaille, ajourrées, décor de fleurs au naturel.

224. Deux plats rocaille en blanc.

DOUAI.

225. Une théière à décor rose de fleurs et fleurettes.

LUXEMBOURG.

226. Cinq assiettes rocaille à bords plissés.

JAPON.

227. Un pot trompeur et deux potiches à décor bleu.

SAXE.

228. Une statuette restaurée.

CHINE.

229. Une statuette.

230. Un lot menus bibelots divers, deux tableaux nature morte. une bataille. diverses gravures anciennes.

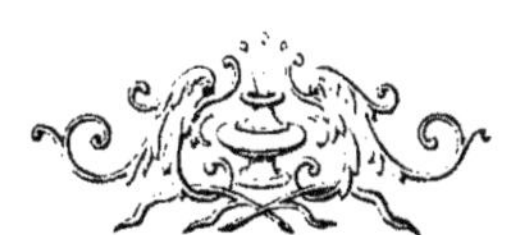

ROUEN. — IMP. NOUVELLE PAUL LEPRÊTRE.

www.ingramcontent.com/pod-product-compliance
Ingram Content Group UK Ltd.
Pitfield, Milton Keynes, MK11 3LW, UK
UKHW021031260726
13994UKWH00005B/2081